JN408936

풍도, 그 섬에 북배딴목 있었네

|강점석 시집|

풍도, 그 섬에 북배딴목 있었네

도서출판 천우

● 시인의 말

시를 사랑하며 노래하는 마음으로

처녀작이다.
이제 늦깎이 시인이 되었다.
시 나이가 돌도 못 되었다.
그러니 서지도 걷지도 못한다.
어딘지 모르게 서툴다.
그러나 한 가지는 잘할 수 있다.
그것은 시를 사랑하는 것이다.
시인을 흠모하고 존경한다.
시인은 시와 찬미를 네 창조주 하나님께 노래하라고 했다.
내가 일어서고 눕고
일하며 먹고 쉬고
예배하며 일상의 삶을 진실하게
시로 노래한다면
그것이
시인의 참된 길이요, 삶이 아닌가?
그런 면에서
나는 행복자 중에 행복자이다.

서해 아주 작은 섬 풍도
그것도 두 명의 학생

두 명의 유치원생
바다가 배가 등대가 갈매기가
바람꽃 대극 복수초 야생화 천국
쇠무배 수중궁궐 천연 조각 공원
북배딴목과 북배, 진배와 구렁배
그대들이 나의 친구들이다.
내가 자주 만나는 친구들이다.
그래서 내 첫 시집 이름을
『풍도, 그 섬에 북배딴목 있었네』
라고 붙였다.
주제를 『구약성서』 〈룻기서〉를 배경으로 기대와 이별, 광야,
그리움과 기다림, 만남, 회복과 소망 5부로 나누었음을 밝힌다.
그간 수원제일교회 당회장 이규왕 담임목사님의
하늘의 신령한 메시지,
교정을 해준 아내 양현순 권사,
그리고
내가 시인으로 다시 태어나게 한 아들 성구와
나를 위하여 기도해 준 사위 종균, 상한, 두 딸 한나,
수산나와 외손녀 하음, 하림에게 진심으로 감사드리며,
하늘나라에 계신 부친 姜藁榮 님께 贖罪하는 마음으로
이 시집을 바칩니다.

2013년 8월 풍도, 그 섬에서

최선을 다하는 그의 삶이 아름다운 시가 될 터

이규왕

밀란 쿤데라는 「시인이 된다는 것은」 이라는 시에서
'끝까지 가보는 것을 의미하지
행동의 끝까지
희망의 끝까지
열정의 끝까지
절망의 끝까지'
라고 하였습니다.

시인은 삶 속에서 끝까지 가는 사람이라는 말입니다.

삶 속에 시가 있기 때문에 끝까지 가는 사람은 삶의 끝에서 인생의 깊은 의미를 알게 되기 때문에 아름다운 시를 쓸 수 있게 됩니다.

시인은 글로 시를 쓰는 사람이 아니라 시인처럼 삶을 사는 사람으로, 보는 이에게 감동을 주는 삶을 사는 사람의 일상 이야기가 바로 읽는 이에게 감동을 주는 아름다운 시가 됩니다.

강점석 장로님이 2년 반 전에 도심을 떠나 서해안 풍도 섬마을 분교장으로 가신다고 했을 때, 어떻게 삼 년을 견디어 내실 수 있을까? 하는 염려가 아침 안개처럼 피어올랐던 기억이 이제는 부끄럽게 생각됩니다.

때로는
차가운 북 바람이 몰아치기도 하고

찬란한 아침 해가 불끈 솟아오르기도 하고
양지바른 산골에 봄의 전령인 바람꽃이 피어오르기도 하고
찬란한 빛을 접고 나지막하게 키를 낮추며 저물어가는 해를 보며
감사하고
기도하고
찬송하고
즐거운 마음으로 하루하루를 충실히 살아가는 모범 분교장이십니다.

대부분의 사람은
지위가 무엇이냐?
무슨 일을 하느냐?
하는 것에 집착하지만 실상 의미 없이 세월만 보냅니다.

하나님은
지위가 무엇이든지
무슨 일을 하든지
지금 하는 일을 즐기며 최선을 다하는 사람에게
아름다운 꿈을 주시고
기도에 귀를 기울이시고
아름다운 시상을 주십니다.
축하합니다. 진심으로….

✽이규왕

명지대학교 전기공학과 · 총신대학교 신학대학원 졸업, 총신&RTS 목회학 박사 과정 수료. 수원신학교 학장 역임. 현)수원제일교회 담임목사, 세계선교신학원 원장, KWMA(세계선교협의회) 이사, 수원신학교 이사장.

제1부

기대와 이별

● 시인의 말
● 축하의 글 – 이규왕

북배딴목 _ 15
그대만 좋아진다면, 나는 _ 16
원초(原初)의 해 솟음같이 _ 18
두 다리를 잃고도 감사했다는데 _ 20
칡넝쿨, 그대의 생명력은 _ 22
외항선 _ 23
지렁이 같은 인생아 _ 24
달팽이의 나들이 _ 26
살며시 오는 그대여 _ 28
광란의 파도 앞에서 _ 30
그대, 마음과 마음이 언제 _ 31
인생의 황혼이 오기 전에 _ 32
나 대신 울어줄 그대가 있으니 _ 34
호화 유람선, 그대는 아는가 _ 36
이제야 좀 알 것 같습니다 _ 38

제2부

광야

개구리들의 애가 _ 41
그물에 걸려 죽은 새 _ 42
그대, 외눈박이 바위 _ 44
나의 엉클어진 쇠사슬에서 _ 46
숙녀해변가 아침 단상 _ 48
황소, 그대여 _ 50
그대, 풍도 등대여 _ 51
그대들의 사랑에서 누가 _ 52
안개 낀 날 석양 스케치 _ 53
해님이 가시는 곳에 _ 54
며칠 안 되는 날이지만 _ 56

제3부

그리움과 기다림

버섯 위의 하얀 눈 _ 59
제비꽃 당신 _ 60
눈 내리는 해안가 _ 61
달빛 청년과 소녀 이야기 _ 62
휘파람새, 꽁지라도 한번 _ 64
구송폭포 앞에서 _ 66
어머니, 그때 일을 기억하신다 _ 67
밥 한 끼 먹으러 갑니다 _ 68
하늘 가는 길 그래도 가야지 _ 70
화성(華城), 그대여 _ 72
'숙녀부리 룻' 결혼하는 날 _ 74

제4부

만남

진정 원하는 것 _ 79
그런 바람개비가 될래요 _ 80
아름다운 동행이 되었으면 좋겠어 _ 82
골담초 나도 불러주었소 _ 84
아무리 보고 또 보아도 _ 85
바둑 향연에 초대되었다 _ 86
좋은 밤안개 되고파 _ 88
결혼하는 날 _ 89
구렁배딴목의 기도 _ 90
불러내었다, 아침 동산으로 _ 92
네 주인의 즐거움 참여할지라 _ 94

제5부

회복과 소망

쇠무배 수중궁궐 _ 97
북배, 천연 조각 공원 _ 98
둥굴레 가족 저녁 풍경 _ 100
'해 솟아오름' 공연 _ 102
태양, 그대여 _ 104
돋는 해의 아름다움같이 _ 105
마음의 창문을 열고 _ 106
둥굴레 마을 오페라 향연 _ 108
오늘 누가 오시렵니까 _ 111
나왔다, 오늘 이 새 아침에 _ 112
작은 폭포 앞 아침 단상 _ 114
내 이름 안 불러준다고 _ 116
모진 바람에도 _ 117
황혼의 기도 _ 118
그대, 그 한 명을 태우고서라도 _ 120

● 해설

통섭(統攝)의 미학으로 빚어낸 서정(抒情)의 풍도 바다 / 정남채 _ 121

제1부

기대와 이별

북배딴목

돌섬에 하얀 눈 점박이
바닷물이 밀려오다 부딪혀
하얀 물보라를 만든다.
위로 하늘 비행기 날아다니고
겨울나무들 오라고 손짓한다.
난 외롭지 않아 그대가 있으니
까치도 박새도 갈매기도
때가 되면 오겠지…….
그대의 긴 목이 드러났다 감춰졌다.
하루에 두 번
그대는 외롭지 않고
때가 되면 이름 모를 잡초도, 억새도 오지.
어느 땐 낚싯길 아저씨도 들르지.
그대는 기암절벽 북배딴목

그대만 좋아진다면, 나는

나 오늘 저녁
마이배부리를 돌아
쇠무배 수중궁궐을 향해 걸었습니다.
삼 층 삼색 달걀 크기만 한
조약돌
하얀 허리띠를 맨 바위
양지바른 곳에
바지춤 내리고 있는 돌
실핏줄이 그어진 심장돌
형형색색의 그대들을 뒤로하고
내 벗 북배딴목을 향해 걸었습니다.
해 지기 전 얼른 만나 보려
미끄러져 가며……
드디어 나의 사랑 북배딴목을 만났습니다.
그대 시시각각 낙타가 되기도
뫼산 자가 되기도
돌고래가 되기도
잠자는 사자가 되기도
지금 어두움이 짙어가는 그대에게
외롭지 않은 듯
이야기꽃을 피우고 있었습니다.
그 사이 어디선가

살며시 달님이 우리 사이에 빛을 주었습니다.
그대와의 이별의 순간까지
나를 따라와 주었습니다.
산길 오솔길 넘어지지 않게 비추어 주었습니다.
우리 사이 알고나 있는 듯
더 끈끈히 맺어주었습니다.
'그대만 좋아진다면 나는 사라질게…….'
요나단*이 갖고 있던 마음이었습니다.
나오미를 따라나선 룻*의 마음이었습니다.
'어머니가 가시는 곳에 저도 가겠습니다.'
오늘 밤 이별의 슬픔을 달래는
아주 좋은 친구였습니다.

* 요나단 : 『구약성서』의 다윗과 요나단, 아주 우정이 돈독한 관계를 의미함.
* 나오미와 룻 : 『구약성서』의 효부 룻과 현숙한 시부모 나오미를 뜻함.

원초(原初)의 해 솟음같이

풍도 앞바다에서
그대가 오시듯이
이천 도암땅*에서도
아침 일찍 그대 오셨습니다.

바닷물 헤치고
나온 그대

실핏줄같이
겨울나무 가지 사이
헤집고 나온 그대여

도암땅에서 맞는
2013년 첫 주
원초(原初)의 해
그대를 보았습니다.

온갖 상처
아픔을 참고
27년 만에
혹한을 이기며
나온 그대이십니다.

원초의 해
그대
솟아오름같이
당신의 언약이
내 안에서
이루어지기를 소망합니다.

* 도암땅 : 도자기 명소인 이천의 한 고을 이름.

두 다리를 잃고도 감사했다는데

그대여
어느 사람은 두 다리를 잃고도 감사했다는데
난
사랑하는 그대가 해준 결혼식 백구두 잃어버린 것
지금까지 기억하고 있소.

지난 주일 방아머리 선착장
빼곡하여 빈자리 세워두고 몸만 배에 실려 나왔는데
어제 아침 어느 낚시꾼 아저씨 연락 주었네.
만조로 승용차 앞바퀴 잠겨 가고 있다고
우리 집 발과 같은 자동차인데
앞바퀴 두 발 잠겼다고 무척 마음 아파했소.

마침 배 한 척이 온다는 소식을 접하고
선장에게 사정 얘기해
그대 몸 싣고 급히 떠나니 내 마음 퍽이나 아팠소.

그대는
조류에 떠내려가지 않은 것 감사했는데
나는 앞바퀴 바닷물 조금 잠긴 것

세차하면 될 것을 불평하였소.
그대는 관절 마디마디 아프지 않은 곳 없는데
그 몸으로 셀프 세차기 들고
감사의 물뿌리개로
그만한 것 다행으로 여기고
그 일 해냈지.

나
그대와 어머니, 아들과 두 딸과 사위, 외손녀
그리고 태어날 승리 다리를 모두 세어 보니
스물두 개나 되네.
네 다리 가진 승용차보다 열여덟 개나 더 많네.

칡넝쿨, 그대의 생명력은

칡넝쿨
그대여
생명 뿌리에
붙어 있는 한

너의
생명력은
끝이 없어라.

엉금엉금
험한 바위
못 오르랴

온몸이 찢길지라도
가시덤불 못 넘으랴

그대여
사랑하는 이와
함께 있는 한
그대의 생명력은
한이 없으리라.

외항선

항구에 새벽이 열린다.
큰 배가 우람하게 서 있다.
그 주위에 작은 배가 왔다 갔다 한다.

누가 뭐라고 해도
정해진 목적지 흔들리지 않는다.
큰바람이 분다 하여도
흔들리지 않고 다음 항해를 기다린다.

나그네 같은 심정으로
오늘은 이곳 내일은 저곳
선장이 이르는 대로 항해한다.

아무리 괴로워도
불평하지 않고
아무리 파도가 몰아쳐도
자기의 자리를 묵묵히 지킨다.

바다의 심장을 가진
거대한 배여, 그대의 의젓한 자태여!
그대 앞에 숙연해진다.

지렁이 같은 인생아

지렁이 한 마리
바닷가 비포장도로
한복판으로 여행 나왔다.

그대
아주 이른 새벽부터 나온 줄 아는데
여행 계획은 세우고 나왔겠지.
차비는 제대로 가지고 나왔겠지.
마실 물과 밥값은 가지고 나왔겠지.
어디서 쉴 것인가 생각은 하고 나왔겠지.

그대가 걸어온 발자취를 보니
이리 구불 저리 구불
어지간히도 고생 많았구나.

하나 그대 모습 보니
몸뚱이는 왜 이리 흙투성이니?
흙장난한 것도 아닌데
이리 뒤척 저리 뒤척
머리를 위로 아래로
좌로 우로 갈 바를 찾아 헤맨다.

햇살은 바다 물결 위 넘실대고
주위에 개미들이 왔다 갔다 한다.
곧이어
동네 할아버지
경운기 몰고 딸딸딸딸대며 지나간다.

그대에게
오늘의 여행 계획이 어떠하였소.
물어볼 여지도 없이 헤어졌다.
내가 바로 지렁이 같은 인생이었으니까…….

달팽이의 나들이

그대
이른 아침
가는지 마는지
안테나 두 개 세우고
나들이 나왔다.

안개비 먹으러
조로롱 방울새 노래 들으러
골담초 향 내음 맡으러
나 만나러 나왔지.

새 아침
해님 몰래
다른 사람들 몰래
나들이 나왔지.

그대
여러 날 동안
어둡고 둥그런 방 안에서
몸부림이 있었겠지.

이제
그대가 성충이 되어
울퉁불퉁 콘크리트 길로 나온
용기, 그 마음

바람이 왔다 가듯이
그대 일생의 한 점
다시는 오지 않을 기회
죽음을 무릅쓰고 나왔지.
그 나들이
내 걸음 멈추어 서게 하네.

살며시 오는 그대여

살며시
오는 그대
해님이여

어제
보았던
석양 그대

그 해님이어라.
아롱대는
샹들리에 등 가지고

갈매기 떼 데리고
잔잔한
금빛 바다 물결 데리고
오늘도 이곳에 들렀네.

육지에 나간
자식들 오려나?

노래미 간자미
우럭 도다리 광어

가득 실은
고깃배가 오려나?

빨간 등대
파란 등대
노란 등대
기다린다.

광란의 파도 앞에도

칼바람에 파도까지 요동친다.
하이얀 뱃살을 드러내며 춤을 춘다.

일백이십여 년 전
우리 애국지사들이
이런 파도에도
배 타고 독립운동하러 나갔다.

이곳 풍도 주민도
돛단배 의지하여 나갔다.

인천으로 중국으로 러시아로 미국으로

큰바람 불면 꼼짝 못 하는 풍도

어여쁜 각시 뒤로하고
먼발치에서 보고 떠나야 하는 풍도

광란의 파도 앞에
전능자의 음성을 기다린다.

그대, 마음과 마음이 언제

안개 자욱한 새벽 아침
고요의 나라 평화의 마을 북배 마을
야생 흑염소 친구들이 옹기종기 누워 있습니다.
보초 서는 그대 높은 바위 위에 올라
두 뿔과 두 귀를 쫑긋 세우고
인기척에 아주 민감합니다.
내가 보고 있으면
달아날 동작부터 취합니다.
무슨 원수졌길래
그대들 의심부터 하는가?
기나긴 세월 동안에
봄 되면 마을 염소 몰이로
쳐놓은 그물에 걸리게 하고
어머니 아버지 형과 아우 누이동생들이
아무 죄 없이 끌려갔던 것을 기억하는지…….
이 고요의 나라 북배 마을
언제 그대들과 마음이 오갈지 모릅니다.
아무리 좋은 것을 가져다준다 해도
그대들 의심의 눈초리
경계의 눈초리 언제 지울 수 있을 것인가?
언제 변할지 모르는 인간의 마음
그 본색이 언제 드러날지 알고 있다는 듯이…….

인생의 황혼이 오기 전에

임진년
하루해가 가고 있다.

풍도 서쪽
북배딴목 앞바다

1894년 여름
일본 군함 네 척에 의해
청나라 고승호*가 침몰됐던 곳

이제 고요함이 흐른다.
어두움이 깔린다.

우리에게
언젠가 이 같은 비극
또다시 올지 모른다.
준비할 때이다.

인생의 황혼이 오기 전에
슬기로운 다섯 처녀처럼
더 늦기 전에…….

* 고승호 : 1894년 동학혁명의 일어나고 있을 당시 고종이 청나라에 요청한 원군을 실은 배. 고승호는 제물포항에 도착하기 전에, 풍도에서 일본 군함에 의해 격침되었다.

나 대신 울어줄 그대가 있으니

비 온 후
밤안개를 뚫고
풍도섬 구렁배 진배 북배
개구리들의 울음이
시작되었다.

그대가 울면
그대 아내가 같이 우는 얼굴
그대 부부가 울면
그대 자식들이 함께 우는 모습
그대 가족이 울면
이웃집 식구가 더불어 울고 있네.

나 대신 울어줄
그대 있으니
목숨을 같이할
친구 있으니
난 외롭지 않네.

20여 년 전
이곳 기암절벽
도시에서 온 모래 자갈 장사가

"양식장, 연수원……."
그러더니만
지금은 상처투성이

대신 울어줄
그대가 있으니
나를 위하여
울어줄 친구 그대가 있으니…….

호화 유람선, 그대는 아는가

석양이 바닷속으로
들어가고
레이더 서치라이트
오른쪽 왼쪽으로
시계추처럼
왔다 갔다 합니다.

서해 아주 작은 섬
북배와 진배, 구렁배 앞바다에

머언 이국땅
떠나는 호화 유람선
갑판과 객실 환한 등불 밝히고
그리움 찾아
유유히 항해하며 떠나가고 있습니다.

그대들은
그 한때
처절했던 그날을 알고 있는가?

풍도해전
일본 군함과 청나라 고승호 첫 교전장

인천상륙작전
맥아더 장군 7함대
전진기지, 치열했던 이곳

지금
흑염소 떼는 자기 방으로 들어가고
개구리 울음소리 귀뚜라미 울음소리
소쩍새 마음 써는 소리
찢긴 구렁배 살점
그 뼛속까지 파고듭니다.

그래도
호화 유람선
이곳 아랑곳하지 않고
유유히 지나갑니다.

이제야 좀 알 것 같습니다

석양을 만나러
풍도 후망산 아래
절골*을 거쳐 안산고개*를
넘었습니다.

그런데
석양은 숨어 버리고
뿌연 어두움 먹구름만
보였습니다.

내 뜻을
이루지 못했지만
또 다른 뜻이
숨어 있으리라…….

내 삶의 여정에서
사람의 생각과
당신의 생각이
다름을
이제야
조금 알 것 같습니다.

* 절골 : 작은 장술에서 안산고개에 이르기까지 나 있는 오솔길.
* 안산고개 : 후망산 남쪽 아래에 있는 고개로, 이곳에 오르면 북배 딴목, 진배, 구렁배, 승봉도, 이작도를 한눈에 볼 수 있음.

제2부

광야

개구리들의 애가

초승달은 점점 바다로
해님 따라 내려가고
고요가 바다 위에
짙게 깔리고 있습니다.

골리앗 같은 포클레인
자갈 고르는 장비
자러 들어간 사이
개구리들이 개굴개굴
노래하고 있습니다.

구렁배딴목
까무러치고 헤쳐지고
그렇게 해서 만들어진
조그만 웅덩이에서 울고 있습니다.

이 합창이 애가인가
그렇지 않으면 찬가인가
알 수는 없지만
그대들의 목숨이
오래가지 아니할 것은 분명합니다.

그물에 걸려 죽은 새

마이배부리를 따라
야생 흑염소 몰이를 위해
마을 사람들이 그물을 쳐 놓았다.

그 그물에
까치도 비둘기도
흑염소도 걸리기 일쑤다.
한 번 걸리면 빠져나오기 힘들다.

때마침 죽은 지 오래지 않은 새가 걸렸다.
회색 머리 회갈색 날개 하얀 점박이

올가미에 걸려
얼마나 발버둥 쳤을까?
누군가 옆에서
조금만 도와주었더라면
살 수 있었을 텐데…….

발버둥 칠수록
더 깊은 수렁
우리 인생이 그렇지 않은가?

내가 만난 그분께
내 모든 문제를
내려놓고
도움을 받는 것은 어떨까?

그대, 외눈박이 바위

안개가 짙게 낀 석양 무렵에
서해 아주 작은 풍도 정남쪽
쇠무배 가족들이
오순도순 사는 수중궁궐이 있습니다.

코끼리 바위, 상어 바위, 사랑 바위
나로호 횃불 바위, 백두산 천지 바위, 외눈박이 바위
스핑크스 바위, 공룡 바위, 물고기 바위
망부석 바위, 돌고래 바위, 치아 바위

그중에 외눈박이 바위가 있습니다.
흐르는 눈물 자국
호열자가 생겨 문드러진 왼쪽 턱
찢어진 귀
움푹 패어 들어간 귀
그 아래 눈물 자국
성한 데 하나 없는 어머니 얼굴입니다.
그럼에도 불구하고
그분이 작은 수중궁궐 옥좌에
앉아 있는 이유가 무엇일까요?

아파도 의원 손길 하나 없었던 이곳
버려진 사람들이 모여
나음을 얻고
머얼리 육지로 나간 자식들 소식을 기다리곤 합니다.
요즈음
해님과 달님이
새들도, 봄꽃 냄새도, 더덕 냄새도 몰고 옵니다.

지금도
쇠무배 수중궁궐 가족 마을에
이런 사랑 이야기가
파도 타고
봄바람을 타고
머얼리 전해지는 듯합니다.

나의 엉클어진 쇠사슬에서

그대여
술수로 자기의 욕망을 채웠던 야곱*
승리자였다고 자부하는 날
그는 쫓기는 신세가 되었습니다.
그 이름은 사기꾼

그는 7년은 레아*를 얻기 위하여
그는 7년은 라헬*을 위하여
그러나
그는 속고 속는 악순환의 연속이었습니다.

그렇게 속았으면서
자기 외삼촌 집에서
무작정 뛰쳐나가지 않았던 그가 이상스러웠습니다.

그대여
간단하지 않은 이 삶의 언덕에서
당신 앞에 겨울나무와 같이 지금 서 있습니다.

갈등과 대립의 세계
소외와 불안의 연속선상에서
나의 엉클어진 쇠사슬에서

나의 흐트러진 상실 속에서
당신과 함께
깊은 씨름을 하기를 원합니다.
당신과 함께 눈 내린 겨울 풍경을 그리길 원합니다.

이제 어두웠던 밤을 정리하기 위해
잃어버린 망각의 삶을 되찾기 위해
이 촛불을 당신과 함께 들길 원합니다.
이 세상에 당신과 함께 있는 한
영원한 패배자는 없다는 것을…….

* 야곱 : 『구약성서』 〈창세기〉에 나오는 인물로 아버지를 속이고, 형에게서 장자권을 빼앗은 이삭의 아들.
* 레아 : 『구약성서』에 등장하는 야곱의 외삼촌인 라반의 장녀로, 야곱의 첫 번째 부인이자 라헬의 언니.
* 라헬 : 『구약성서』에 나오는 야곱의 두 번째 아내이자, 레아의 동생.

숙녀해변가 아침 단상

아침 파도가
바다 바닥을
긁어내리고 있습니다.

지난밤
못다 한 쓰라림을
쓸어내리고
있는 듯합니다.

'드르르륵 드르르륵'
가장 높은 곳에서
가장 낮은 곳으로
엎드려 기고 있습니다.

파도는
바닷물을
이리 굴리고
저리 굴리고 있습니다.

생명을 살리는 마음
기는 마음 둥근 마음 하나가 되는 마음
이것이 나의 마음인 것 같습니다.

수없이 갈라져
한곳으로 모여 하나가 되는 물
그 물이
이곳 '숙녀해변가' 바닷물이 아닌가 합니다.

황소, 그대여

그대
삼월이면 논갈이
사월이면 써레질
오월이면 보리농사
유월이면 밭갈이

이렇게 주인에게
충성 다하다가
끝내는
등록금 위해
가을걷이 후
소시장에 내간다.

그 좋은 황소를
잊지 못한다.

학교 갔다 오면
황소 먹이는 내 차지

정말 그때가
어제 같다.

그대, 풍도 등대여

가는 손님
오는 손님
비행기도 배도 사람도
길 안내하는
풍도 하얀 등대 자리하였다.

1984년 여름, 청나라와 일본의 풍도해전
1904년 풍도와 입파도, 제물포에서 러일전쟁
1950년 인천상륙작전, 맥아더 장군과 이승만 대통령
휘날리는 태극기 보았단다.

청렵골 모퉁이 자리한
풍도 등대 그대여
뼈아픈 역사의 발자국
다 알고 있는가?

다시는
우리 안방을
피비린내 나는
싸움터로 내주지 말아야지.

그대들의 사랑에서 누가

나, 지금 북배딴목
아래 기암절벽에
서 있습니다.

동풍 서풍도
남풍 북풍도 왔다 갔습니다.
봄비도 소낙비도
눈보라도 우박도 왔다 갔습니다.
산더미만 한 파도도
콘파스, 덴빈 태풍도 왔다 갔습니다.

아무도 위로 못 하나
그 만났던 환란 발자국
위로합니다.

그 풍상에도 꿋꿋이
그 자리를 지킨
그대여
오는 이 보는 이
그대를 찬양합니다.

안개 낀 날 석양 스케치

동무재 너머 붉게 물들어
다시 한참을 걸어 목금이재로 올라갔습니다.
아직도 파도는 높고
해변가 자갈 굴러가는 소리가 요란합니다.
안개가 산자락을
뒤돌아보지도 않고 달려가고 있습니다.
바람이 이리저리 요리조리
안개를 이끌고 갑니다.
그래도
항해자들 목적지 잘 찾아가라고
해님이 노을을 붉게 뿌리고 나갑니다.
검푸른 바다 물결 출렁이고
그 위에 짙은 먹구름
붉은색 노을 노란색 노을
그 위에 검은 비구름 산맥
하늘색 지붕, 멋진 풍경화입니다.
그 위에 비행기가 유유히 날아가고 있습니다.
'추운 바람이 옷깃으로 들어가 감기 걸리겠다.'
'그대도 이제 집으로 가야지.'
사냥개 까마귀 별자리들이 하나둘 뜨기 시작합니다.

해님이 가시는 곳에

오백 년 된
은행나무를 지나
청렵골에

흐드러지게 핀
바람꽃
둥굴레 새순
쇠뜨기 새순
향연을 뒤로하고

그대 만나러
동산으로
오랜만에
발걸음을 옮겼습니다.

땅거미가
드리워져
부리나케 올라갔습니다.

그대가 가시는 곳에
저도 가겠습니다.

그대가 머무시는 곳에
저도 머물겠습니다.

바람이
쏴쏴 불어 댑니다.
바다 물결이
철썩 해 댑니다.

바닷물 멍석말이
뒹굴어서 오고 갑니다.

새들이 한마디씩 해 댑니다.
새싹들이 옷깃을
여미고 추워합니다.

그대가 가시는 곳에
저도 데려가 주십시오.
그대가 유숙하시는 곳에
저도 데려가 주십시오.

며칠 안 되는 날이지만

풍도에 바람꽃
피기 시작했어요.
수줍어 수줍어
사알짝 나왔어요.

혼자 나오기 무엇해
내 동생 아기 꿩의바람꽃
아빠 꿩의바람꽃
엄마 꿩의바람꽃
함께 나왔어요.

세상이 참 신기하기도 해요.
며칠 안 되는 날이지만…….

오시는 분들에게
푸근한 맘 줄 거예요.

제3부

그리움과 기다림

버섯 위의 하얀 눈

풍도 후망산 정상
오르다 산길 옆
그루터기 위에 버섯이
두 팔 벌리고 서 있다.

그 위에
하얀 눈이 소복소복
앉아 있다.

수줍어 수줍어
고개를 내밀어
나를 쉬어 가라고 한다.

그 옛날
신혼 풍도 새색시
뱃일 나간 새신랑을 기다리듯이
풍도 버섯 하얀 눈 새색시
나를 부르고 있는 듯하다.

제비꽃 당신

길가에
드러누운 나무
베개 삼고

저녁노을
귀빈 된 해님
놓칠세라
곱게 핀
제비꽃 당신

살며시 고개 들어
햇살 화장을 한다.

오는 손님
가는 손님

가슴 열어
사랑 이야기
나누자고
해 댄다.

눈 내리는 해안가

설날
며칠 앞두고
눈이
펑펑 내립니다.

가난한 자
떡국 해 먹으라고
그침 없이 내립니다.

철썩철썩
파도 소리에
장단 맞추어
눈이 내립니다.

달빛 청년과 소녀 이야기

어~, 초승달이 없어졌네.
달빛 청년이 없어졌네.

작은 외딴 섬
예닐곱 살 소녀는
그 청년이 보고 싶고
만나고 싶고
자기의 사랑 이야기를
다 전해 주고 싶었습니다.
주위는 흑암에 덮였습니다.

이따금
레이더 서치라이트가
수면 좌우로 훑고 지나갑니다.
북배딴목은 유유히 서 있습니다.

해안가 서산 화학 단지가
긴 불띠를 차고 있습니다.
음력 사월 초라지만
밤공기는 차갑습니다.

파도는 자갈을 굴리고
야생 흑염소의 그 젖 내음새가
밤공기를 타고 그리움을 더해 줍니다.

예닐곱 소녀는
아직도
불을 끄지 않고 있습니다.
초를 녹이며 사랑하는 이 올 때까지
시를 쓰고 있습니다.
그 달빛 청년에게
내가 지은 사랑 이야기를
전해 주고 싶어서였습니다.

휘파람새, 꽁지라도 한번

안개 낀 이른 저녁
은행나무 길을
오르고 있습니다.

어디선가
휘파람새가
시와 찬미로 노래 부르고 있습니다.
'휘리릭휘또르르 휘리릭휘또르르'

어찌 그리
아름다운 목소리인지…….

노루귀 솜털 아침 이슬
익어 탁 터진 석류 알갱이
아롱아롱 바다 쪽빛
도레미파 하얀 둥굴레 꽃

그대 노랫소리
내 발걸음을 멈추게 합니다.

그대 얼굴 생김새는
몸뚱이는…….

정말
어떻게 생겼는지
꽁지라도
한번 보여 주소.

구송폭포 앞에서

흐르는 물을
누가 막을 수 있나?
청평사 구송폭포 앞에서
새하얀 얼음장 밑으로 물이 흐른다.
쏴악싹 찰찰찰 꾸르르
새하얀 잇살을 내민다.
소나무 아홉 그루
아홉 가지 폭포 소리
고려 시대 이자현
조선 시대 김시습
인간들의 흔적
인간의 육신은 갔지만
영혼은 영원하다.
그대
흐르는 물로 씻고 가고 싶다.
생명의 물로 거듭나고 싶다.

어머니, 그때 일을 기억하신다

어머니
사십 리 길 걸어 걸어
시장에 열무 아욱 근대
머리에 이시고
돌아오실 때마다 우리 7남매 위해
고등어 반찬 들고 오셨다.

내 검정 고무신
사 들고 오셨던 당신이여
어머니
고생하신다 생각하여
밀가루 반죽
애호박 울타리에서
뚝 따다가
감자 썰어
수제비 끓여 내니

오십 년 지난 지금도
그때 그 일을 말씀하신다.

밥 한 끼 먹으러 갑니다

오늘 아침
그대와 함께 밥 한 끼 먹으러 갑니다.

그대가
해병대에 지원을 하게 되었습니다.
대한민국 해병대 합격 통보가 왔습니다.
입소 훈련 받으러 가기 전
킬리만자로 봉에 오르게 되었습니다.
하나, 중도에 포기하고 내려가게 되었습니다.

눈을 다쳐 실명의 위기
이제는 군대에 갈 수 없다는
청천벽력 같은 소리
그러나
그대는 희망을 잃지 않았습니다.
드디어 연기 명령을 받고
고침을 받아
해병대에 입대하였습니다.

22개월 동안 혹독한 군대 생활
천안함 사건으로
일촉즉발 전쟁의 위기 속에서

그렇게 2년의 생활, 병장 만기제대하였습니다.
이 대학 갈까 저 대학 갈까
고민하다가
자기가 좋아하는 학과에 들어갔다고 기뻐하였습니다.
그러던 그대가 반 대표가 되고
도서관에서
일터에서
뛰어가고 있는 모습을 보았습니다.

바쁘게 사는 일상 속에서
이제
그대와 함께 아침밥 한 끼 먹으러 갑니다.

하늘 가는 길 그래도 가야지

해군 부대
정상으로 가는 길

서쪽 하늘에
하현달이 떴다.

이 길로 가면
저 달을
딸 수 있을까?

그대가
타고 가는 비행기

오늘 밤
이 위로 날아가겠지

'아들 해병아, 잘 다녀오너라.'
큰 소리로
외쳐본다.

그대
하늘 가는 길
어렵고
힘들지만
그래도 가야지.

화성(華城), 그대여

성벽마다
부스러진 벽돌
변색되어 가는 그대

보릿고개 시절보다도
서민들의 더 아픈 상처
동족상쟁 총 자국을 안고
살아가고 있는 그대여

조선 말기 회오리 같은 정국
고위 관직 벼슬아치들
당파 싸움 절정에 달했을 때

여기
공경의 마음으로
효의 마음으로
평화의 성
화성과 행궁이 세워졌으니
그대의 그 마음을 읽고
되새기며 그대 옆을 걷고 있습니다.

신랑과 신부의
그런 심정으로
천륜의 소명으로 설계한 그대
효와 공경의 음성을 주셨으니
이 거룩한 말씀의 소명 앞에
그런 집을 소망해 봅니다.

해와 달, 별
바람과 새들과
그대의 사랑 이야기를
노래하면서 적어 나가겠습니다.

'숙녀부리* 릇*' 결혼하는 날

'추와촤 추와촤' 바닷물 소리가 평화롭게 들리는 숙녀부리 아침 해변가
오늘 백중사리* 때맞춰 '숙녀부리 릇'의 결혼식이 열렸다.
해님 친구들이 금빛 꽃가루를 날려주고
그대, 쪽빛 에메랄드 결혼 드레스 입고 나왔다.
지난밤 청렵골* 길가에 핀 천연 향수 퍼다 바르고
갈매기 미용사들이 그대의 머리를 만져 주었다.

수많은 나날
그대, 이리 찢기고 저리 찢기는 상황 속에서도
정절을 지키고
그 아팠던 포성 소리에도
정의와 공의가 짓밟혀 평화가 깨졌던 그날도 참아내며
가슴으로 몸으로 감싸 안았던 그대여
오늘 이날을 위해 백마 타고 오는 태양, 사랑하는 이를 사모하여 왔다.

갈매기 친구들은 일찍부터 그대 곁에 와서 축복해 주고
박새들도 축하 소식 전하러 이 산 저 산 뛰어다녔다.

휘파람새도 유난히 노래해 대고
은방울새도 있는 목청을 다해 노래하고 있다.
멀리 외항선 뚜뚜 나팔 불어주고 있고
바지선 모래 파내는 장비 소리도 땅땅, 결혼 의식 예포가 되고 있다.
사방에서 협연하러 온 조류들, 맴돌다 춤추고 나갔다.

해님 친구들이 준비해 놓은
바다 수면 위에 깔아놓은 붉은색 카펫 그 위로
드디어 백마 타고 온 신랑의 늠름한 행진이 이어졌다.
숙녀부리 신부 대기실에서
풍도 봄 꽃게마냥 살이 꽉 찬
풍만하고 아름다운 미모
쪽빛 에메랄드 드레스 사알짝 걸치고 나온
그대를, 환희의 포옹으로 맞이하고 있다.
마이배부리, 쇠무배, 북배딴목, 북배, 진배, 구렁배 친구들
수많은 하객들의 축하를 받으며 나왔다.
파란 등대, 하얀 등대, 빨간 등대 전파 메시지, 물고기 떼의 초음파 축하 메시지

다 동원되어 '숙녀부리 룻'의 결혼식이 치러졌다.

금빛 꽃가루 날려주고 있는 햇살 친구들의 축하를 받으며…….

* 숙녀부리 : 풍도섬 숙녀해변가에 있다. 숙녀부리는 바다 수면에서 솟아난 돌로 밀물과 썰물의 양에 따라 나체가 되기도 하고, 에메랄드 드레스를 입기도 한다.
* 룻 : 『구약성서』의 〈룻기〉에 나오는 인물로 남편을 일찍 여의고 홀로된 시어머니 나오미를 끝까지 따랐던 효부로서, 보아스와 재혼하여 그 유명한 왕 다윗과 솔로몬의 가문을 세운 여인이다.
* 백중사리 : 음력 7월 15일, 밀물의 수위가 가장 높은 상태로, 달과 태양과 지구의 위치가 가장 가까운 거리일 때 발생하는 물때.
* 청렵골 : 숙녀해변가 근처로 옹달샘이 늘 흐르고, 반딧불이가 많이 날아다니며, 꽃향기가 진동하는 곳이다.

제4부

만남

진정 원하는 것

까치와 이름 모를 새가
아침부터
자리다툼을 벌이고 있습니다.
텃밭의 고추가 물을 좋아한다지만
사실은 사랑을 먹고 자랍니다.
산모퉁이 피는 양지꽃도 햇빛을 좋아한다고 하지만
사실은 사랑을 먹고 꽃을 피웁니다.
감자가 싹을 틔워
감자꽃을 피우기까지 거름을 먹었지만
사실은 농부의 사랑을 먹고 자랐습니다.
오늘 아침 일터로 나갑니다.
사실은 아내의 사랑을 먹고 나갑니다.
유월 초엿새
이 땅에 태극기 휘날리고 있지만
사실은 앞서 간 그대들 나라 사랑의 마음이 있었기 때문입니다.
아아~ 슬프도다.
우리가 진정 하루하루 삶을 살면서
무엇이 먼저인지도 모르고
돈과 빵, 물과 태양
거름과 바람을 퍼다 주었습니다.
거미줄 쳐진 인생길에서
진정 그대들이 원하는 것은
사랑 그 하나라는 것…….

그런 바람개비가 될래요

미술 시간에 만들어
아이들의 장난감 되어
뱅글뱅글 돌아가는
수수깡 바람개비

꼬마 자전거 앞에도
뱅글뱅글 돌아가는
자전거 바람개비

소풍날 운동회 날
엄마 졸라서 산
아이들의 이마 위에서
뱅글뱅글 돌아가는
머리띠 바람개비

주유소 지붕 위에도
'어서 오세요'
뱅글뱅글 돌아가는
만국기 바람개비

이제 다가올 가을에
영그는 볏논에도

참새들 겁주고
농부의 이마에 땀 씻어주는
뱅글뱅글 돌아가는
허수아비 바람개비

날 사랑하는 친구에게…….

오라고 하는 곳이면
누구든
어디라도
달려가 좋은 친구가 되어주는
뱅글뱅글 돌아가는
그런 바람개비가 될래요.

아름다운 동행이 되었으면 좋겠어

석산(石山)을 지나는 길에
그대
찢긴 몸매에
성긴 에나멜 선 오라기 건네준 옷 입고
아픈 거나
내가 풍도에 둥지를 튼 거나
다윗이 아들 압살롬*을 피하여 감람산으로
울며 가는 마음이나
어찌 그리 똑같을까?

쪽빛 에메랄드 바다와 함께
구렁배딴목, 진배의 산자락 줄기를 한 몸에 품었던 그대여
오래전
그대는 이 자리에 앉아서
그 아픔을 품은 채 어떻게 살아왔니?

저 장맛비 흘러내리는 물
주룩주룩 떨어지는 눈물
저 눈물을 보고 있지 않니?
그러나
너는 이런 사정을 모를 거야.

그동안 고생 많았지?
너의 아픈 마음을

해와 달과 꽃들, 새들, 바다, 그리고 밤하늘의 별들과
그들과 사랑 이야기 나누며
너의 아픈 마음을
보아 왔어. 들어 왔어.
너의 마음을 난 알아.

그렇게 믿었던 아들 압살롬과 충신들이
간계에 넘어가
돈과 권력, 그리고 명예 앞에
마음이 변질됐던 것을 나도 알지.

우리가 가야 할 길
우리 사모해야 할 길
우리가 꿈꾸고 그려야 할 집을
나도 생각해 두었지.

우리 찢기고 아픈 마음이지만
서로 의지하는 마음 되어
아름다운 동행이 되었으면 좋겠어.

* 다윗과 압살롬 : 『구약성서』에 나오는 이야기. 다윗의 셋째 아들인 압살롬은 누구보다도 많은 사랑을 받았으면서도 갖은 간계로 반란을 일으켜 아버지 다윗을 죽이려 했고, 결국 다윗은 궁궐을 떠나 감람산으로 피신하게 되었다.

골담초 나도 불러주었소

은행나무 길
한길 가
돌담 빈집 터에
노랗게 단장한 골담초

오월의 바닷바람 '솔솔'
오수의 햇빛도 '쨍쨍'
꿀벌들이 '윙윙'
괭이갈매기도 '응애'
그대
풍도 섬 친구들 불러왔다.

소싯적
보릿고개
수수깡 울타리 밑에서
병아리 불러오고
옆집 순이도 불러와
나눴던 사랑 이야기
나누고 가자고.

나도 불러
쉬어 가라 하네.

아무리 보고 또 보아도

풍도 발전소를 지나
절골, 안산으로 올라가는 길
진달래꽃 흐드러지게 피었네.

아무리 봐도
보고 또 보아도
싫지 않은 그대여

꼬옥
내 그대 모습이다.

한 아름 꺾어다
그대에게
선사하고 싶다.

아픈 몸
어서 속히 회복되어
함께 와 보자고…….

바둑 향연에 초대되었다

밤안개 걷어놓고
하늘 자락에서
땅 자락에서
바둑판 펼쳐놓고
고수들의 바둑 대회에
초대받았다.
하늘 세계에서
둥그런 달 하나
큰곰자리 둘
사자자리 셋
마부자리 넷
사냥개자리 다섯
하나하나
조심스럽게 놓고 있다.
이 밤 가는 줄 모르고
두고 있다.
땅 세계에서
풍도 하나
육도 둘
난지도 셋
도리도 넷
이작도 다섯

이 밤 가는 줄 모르고
하나하나 놓고 있다.
풍도 산기슭에서
엎드려 숨죽이며
전호 꽃 하나
산가막살나무 꽃 둘
팥배나무 셋
덜꿩나무 넷
병아리꽃나무 다섯
이 밤 가는 줄 모르게
놓고 있다.
궁창 위 세계의 모든 이치
궁창 아래 세계의 모든 이치
풍도 네 계절의 모든 이치가
거룩한 고수들의 바둑 향연에
초대되었다.

좋은 밤안개 되고파

그대여 오늘도
큰 여뿔 속여 청렵골 하얀 등대
구렁배와 진배를 지나 북배로 걸었습니다.
밤안개가 많았습니다만
북배딴목을 만날 수 있어 다행이었습니다.
그대와 사랑 이야기를 나누었습니다.
오늘의 삶 이야기를 나누었습니다.
밤안개가 산등성을 타고 황급히 기어올라 갔습니다.
등대도 보름달도 태양도 소용이 없었습니다.
조업 중 별안간 만난 안개가 제일 무섭다고 합니다.
항해에 안개보다 더 무서운 것 없습니다.
그런데
산 더덕, 산 두릅나무, 엄나무 순
동의나물, 취나물, 둥굴레는
더없이 신 나는 밤입니다.
그대여
오늘은 밤안개가 무엇인지
생각해 보는 밤이었습니다.
우리에게도 안개가 있다는 것을 배웠습니다.
그대에게 좋은 안개비가 되어주고 싶습니다.

결혼하는 날

참나리 꽃에
사알짝 앉은
호랑나비

그간의 겨울을 이기고
알, 애벌레, 성충, 번데기
나비로 나오기까지 오래 기다렸다.

드디어
참나리 꽃과의 입맞춤

그 누구가
우리들 사랑 끊으리오?

오늘같이 좋은 날
신랑 신부
결혼하는 날

구렁배딴목의 기도

그대여
모닥불 서서히 꺼져 가고
파도는 자갈돌 굴리고
새들은 제집으로 갔습니다.
거대한 외항선이 오가고
가난한 어부는
마지막 조업을 위하여
마지막 그물질을 하고 있습니다.
갈매기가 놀다 간 이곳 위에는
유월의 바람이 스쳐 지나가고 있습니다.
갈기갈기 찢긴 제 몸뚱이
지금으로부터 120여 년 전
이곳 가까이서
청나라와 일본의 주도권 싸움이 벌어졌습니다.
조선 조정은 사분오열 되었고
동학혁명군은 못 살겠다 개혁을 부르짖었건만
외세의 도움으로 끝내 그 소원은 이루어지지 않고
녹두장군 전봉준은 목이 잘려 걸렸습니다.
그 와중에 일본 군함에 의해
이곳에서 청나라 고승호가 침몰되었습니다.
1,220명 중 겨우 170여 명만이 살아났다니
지금 그들은 무엇을 하고 있을까 말입니다.

저는 알고 있습니다.
그리고 그 당시 상황을 기억하고 있습니다.
바람에 파도에 씻기고 닳아 없어졌어도
그때 아픈 상처를 제 속살 가슴까지 담아
여기 오가는 이들에게 이 소식을 읽어 주고 싶습니다.
그대들은 우리들이
서로 사랑하며 세상을 올곧게 보는 눈을
해와 달, 강과 산, 바다와 하늘을 아끼고 사랑하며
멀리 날아갈 수 있는 날갯짓하도록 도와주십시오.
아~ 아~
그래서 다시는 그런 비극이 우리 안방에서
생기지 않도록
당신께 두 손 모아 기도합니다.

불러내었다, 아침 동산으로

사월 열아흐렛날 아침
동무재, 청렵골을 지나
목금이재에 올라섰습니다.

해님이
까치 가족
야생 염소 가족
쇠뜨기 대열을 몰고 왔습니다.

파도에 돌 구르는 소리
이름 모를 새들도
모두모두 불러내었습니다.

두릅 눈망울도 뜨게 했고
도토리나무 귀도 열어 주었습니다.

웅장한 무대 서막
그대 지휘 아래
오늘이라는 서곡이 울려 퍼졌습니다.

우리 모두
본 곡을 위해
불러냄을 받았습니다.

오늘도
이 대열에서
뒤처질까 봐
뒤에서 앞에서
어우르시는 분
섭리의 당신이십니다.

네 주인의 즐거움 참여할지라

오늘 아침
하늘을 유영하다
단비 되어 고추밭에도
갓 심겨진 고구마밭에도 왔다.

민달팽이 참달팽이 안테나 세우고
아침 일기예보 하러 나왔다.
휘파람새 아침 노래하러 나왔다.
비둘기도 구구 하며 기도하러 나왔다.
초이네 할머니도 양파밭에 예배하러 나왔다.

민이네 감자밭 그대 양식을 위하여
열심히 입 벌려 빗물 받아 마시고
연이네 고구마밭 그대들 해갈되었으니
그대 얼마나 기쁘고 감사하랴.
주인의 즐거움에 참여하게 될 것이네.

때를 따라 피고 진 그대들의 수고
오가는 이 마음 쉬게 하고
더불어 살아가게 하였으니
그대들 주인의 즐거움에 참여할 자격이 있네.
세운 공력 따라 상을 받으리.

제5부

회복과 소망

쇠무배 수중궁궐

오늘
다시 북배를 찾았습니다.
분꽃 남산제비꽃 각시붓꽃
인사를 받으며

북배를 옆에 두고
북배딴목을
향해 걸었습니다.

그대 내 친구
이별의 아쉬움을 달래며
쇠무배로 향하였습니다.

개선문 바위를 지나
장군 바위
코끼리 바위
물개 바위
어머니 바위
모두 나와 반겨주었습니다.
그야말로
수중궁궐이었습니다.
형형색색
보기에 심히 좋았습니다.

북배, 천연 조각 공원

구렁배와 진배를 지나
북배의 만물상에 와 있습니다.
강아지 바위 개구리 바위
거북이 바위 독수리 바위
가지가지 바위 형상
이제
해는 넘어가고
노을이 바다에 짙게 내리고 있습니다.
큰 외항선 지나가고
조그만 어선이
마지막 조업을 위해
저녁 늦도록 일하고 있습니다.
둥굴레 꽃 대롱대롱
송홧대 쭈욱쭉
찔레꽃 하늘하늘
흑염소 떼 음매~
해안가 빨래판 긁는 소리
'드르르륵 드르르륵'
마음을 후련하게 해 줍니다.
다시 이런 날이 오지 않으리.
이 귀한 시간을
조각하고 있습니다.

어느 정원 박람회보다
형형색색 오밀조밀
천연 조각 공원
북배에서 그런 모습을 봅니다.
오오~
아름다운 북배여!

둥굴레 가족 저녁 풍경

사월 주일 저녁
끝자락 해가 집니다.
마이배부리
둥굴레 마을에 엎드렸습니다.

그 줄기 아침 초롱꽃처럼
대롱대롱 매달리기 시작했습니다.

동생 것 도레미파솔
내 것 도레미파솔라
어머니 것 도레미파솔라시
아버지 것 도레미파솔라시도레미

바로 2미터 위
저곳만 넘어도
바람이 쏴쏴쏴 쏴쏴쏴
이곳에는 살랑살랑

산들바람에
악기를 잘 탑니다.
둥굴레 마을은
평화의 동산입니다.

오순도순
하나 되어 합주를 잘합니다.

이제 저녁 시간입니다.
요것조것 먹어두자.
내일 아침 위하여…….

'해 솟아오름' 공연

오늘 새벽을 깨우고
한 번도 걷지 않은
꼬불꼬불 후망산 기슭을 걸어 올라갔습니다.

'소정방이 심었다.'
'인조 왕이 심었다.' 하는
아주 나이 많이 먹은
은행나무 앞에 앉아 있습니다.

아침 해 돋는 해
잔잔한 바다 물결 가운데
시뻘건 불기둥 그려놓고
오른편 산 위에
해송 두릅나무 상수리나무
그 위에 유채꽃도 그려 놓았습니다.
왼편에 앞에 모래 파는 선박도 그려놓고
그 위에
파란 등대 노란 등대 빨간 등대도
평화스러운 마을도 그려놓았습니다.
이 공연을 위해 산새도 불러내었습니다.

이미 비주얼 시대를 터득한
당신이여,
풍도 앞바다 오페라 감독이 되어
오늘 아침 새벽에
마음을 넉넉하게 해주었습니다.

태양, 그대여

설을 앞두고
한파가 이곳
풍도에도 다다랐습니다.

해님 그대 앞에
누가 당하겠느냐?
솟아오르는 태양 광선

매서운 칼바람에도
어두운 먹구름도
힘 못 쓰는구나.

넓은 하늘 화판에
바다 스케치에
단숨에 그린 솜씨
화가 중의 화가이십니다.

돋는 해의 아름다움같이

하얀 등대 사이로
하루 해가 솟아오르고 있다.

괭이갈매기 소리
출렁이는 바다 물결
그 어두움을 가르고
헤쳐 나오고 있다.
솔로몬의 영광을 안고 오고 있다.

후망산 기슭
모든 생명들이 반겨 맞이하고 있다.

당신의 오늘 사역이
소리 없이 살며시 왔다 감 같이

우리들의 삶 역시 그같이
살 순 없을까?

일출의 아름다움이
석양의 아름다움같이…….

마음의 창문을 열고

오늘 아침
창문을 열었습니다.
빨간 등대 노란 등대가 다가왔습니다.
바다 내음새
풍도산자락
천리향 꽃향기가
코를 진동시키고 있습니다.

오월의 계절에
새들은 재잘거리고
야생 흑염소 떼들은 풀을 뜯기에
여념이 없습니다.
오늘 일상의 일들을 하기 전에
마음의 창문을 엽니다.

사랑의 마음을 달라고
오늘 만나는 사람마다
만나는 친구들마다
이 마음으로
생각하고 말하고 행동하는
그런 시인의 삶을 살기를 다짐해 봅니다.

내 마음에
창문을 열고
우리의 찌꺼기를 내다 버리고
천리향 향기와
바다 향기와
갈매기와 새소리 노래
멀리 뻐꾸기 소리로
채우기를 갈망합니다.

그래서
오늘 저녁 만나는 달님에게
아름다운 편지를 쓰겠습니다.

둥굴레 마을 오페라 향연

오월 밤안개
풍도 마을 앞바다 쓰다듬어
마을 사람 잠재우고
뭉게뭉게 기어올라
동산 중앙 은행나무 한길가
산기슭을 향해 오르고 있습니다.

중천에 떠 있는
둥그런 보름달
팽나무 동산에 머물러
가지가지 사이로
무지갯빛 조명을 비추고 있습니다.

곧이어
둥굴레 마을 마당에
둥굴레 칸타타 공연이 열렸습니다.

낮 동안 받아놓은 햇살로
파란 등대 빨간 등대 하얀 등대
번쩍번쩍
저 밤하늘의 북극성과 큰 곰은
반짝반짝

하늘길 가는 비행기 관객들은
오늘의 둥굴레 마을 심포니
환호를 보내오고 있습니다

맨 처음
둥굴레 하피스트 연주 시작이 되었습니다.
연이어 초청가수 개구리 소프라노
뒤이어 소쩍새 베이스
끝으로 부엉이 바리톤으로
초청 연주를 하였습니다.

연실 밤안개는 연기를 뿜어내고
둥그런 달은
무지갯빛 스펙트럼으로
조명을 하고 있으니

나온 연주자 관객이 하나가 되어
환상의 심포니를 열고 있으니
오늘의 둥굴레 마당 공연이
풍도와 온 풍도 둘레에
기쁨의 도가니가 되었습니다.

밤안개
공연 마무리와 함께
산기슭으로 내려갔으니
오늘의 이런 둥굴레 마을 오페라 무대는
다시는 이 세상에 없을 것입니다.

오늘 누가 오시렵니까

아침 산 위에 오르니
육도와 당진 화력 발전소, 그리고 승봉도와 이작도
그렇게 멀리 보였던 선갑도와 인천공항이
오늘따라 지척 간에 보입니다.

외항선은 유유히 항해하고
휘파람새는 유난히 노래해 댑니다.
잠자리 신 나게 날아다니고
땅벌들도 일찍 일어나
메꽃, 원추리꽃, 참나리꽃에 아침 인사 하러 다닙니다.
먹구름도 뭐가 그리 급한지 달아나고 있습니다.
저 동녘 먹구름 속에 숨어 있던
해님도 기지개를 켜며 나올 채비를 하고 있습니다.

그대여
오늘 아침 이 바람 무슨 징조입니까?
긴 장마 속에 갇혀 있던 우리들
이 동산으로 모두 불러내셨습니다.
오늘 누가 오시렵니까?

나왔다, 오늘 이 새 아침에

별개미 꽃, 산가막살나무 꽃도
다 시집 보내고

어제는
비바람 광란의 파도
풍도 바닷가 자갈돌 '드르륵' 긁었다.
하늘가 먹구름도 몰고 나갔다.

개미도 방울새도 선박도
사람도
꼬옥꼭 숨었다.

아카시아 나무, 은행나무, 팽나무
휘영청
방패막이가 되었다.

오늘 새 아침
머얼리
이작도, 영흥도, 난지도, 알몸으로 나왔다.
까치, 갈매기, 비둘기도 구구 하며 나왔다.
전호 꽃도 향수병 가지고 나왔다.

민달팽이도, 엉금엉금 기어 나왔다.
외항선도, 어선도 유유히 나왔다.

더불어 저 북쪽 하늘가
짙누런 황사 찌꺼기도 나왔다.

작은 폭포 앞 아침 단상

도심 속에 시냇물 조그만 폭포 되어
징검다리 둥그런 돌 사이를 비벼대며 아침 인사하며 떠나갑니다.
초록빛 물살 오른 물억새도 아침 바람에 너울거리고 있습니다.
잉어 한 쌍도 아침 일찍 폭포 마을에 놀러온 친구들에게
꼬리를 흔들어 인사하고 있습니다.
배추흰나비 한 쌍도 아침 운동하고 물억새 사이로 숨어 버렸습니다.
참새 한 마리가 물 한 모금 마시더니만 비둘기 눈치 보고 날아가 버렸습니다.
비둘기 세 마리도 오늘 만날 이가 있는지 미용실에 들렀다 나갔습니다.

시냇물도 굽이굽이 저 산기슭 광야 같은 시냇가 따라
낮은 낭떠러지 큰 낭떠러지 부딪치며 이곳까지 흘러 왔습니다.
순종하는 법 배워 큰 바다로 가고 싶답니다.
바닷가 어디엔가 있을 둥그런 돌도
누군가의 징검다리가 되어 주러 왔습니다.

물억새도 잉어와 나비들의 안식처가 되어 주러 나왔습니다.

비둘기도 희망과 평화의 편지가 되어 주러 나왔습니다.

그대들
과거와 미래에 걱정일랑 맡겨버린 듯
오늘 아침 작은 폭포 앞에서
물억새, 나비, 잉어, 참새, 비둘기, 시냇물의 하늘나라가 열렸습니다.

내 이름 안 불러준다고

바닷가에 곱게 핀 해당화
자기 이름 안 불러준다고
피지 않겠다
말하지 않네요.

유월에
휘파람새
자기 이름 불러주지 않는다고
그 유혹의 노래 부르지 않는다고
말하지 않네요.

이 세상 온통
자기 이름 안 불러준다고
난리들인데
큰일 이루고도
마음속 고이고이
간직하며 사는 이가 계십니다.

바로 그대이십니다.
'……'

나로 말미암아
저 산이 보기 좋고
나로 말미암아
저 꽃동산이 아름다워진다면
내 이름 안 불러줘도 좋습니다.

모진 바람에도

알알이 달렸던 은행이
바람에 타악 타악
콘크리트 바닥에
밤새
내동댕이쳐진다.

어느 것은 몸뚱이가
으깨져서 속살이
어느 것은
눈알이 빠져나가
데굴데굴 데구르르…….

어느 것은
연두색 노란 살을 드러내고 있다.
한 시절 기나긴 모진 바람에도
흔들리지 않더니만
그대마저 별수가 없구나.

한 알 한 알
우리 외손녀 약밥에
요긴하게 쓰인 그대

마지막 최후
남을 위해 주는 네 모습
나도 그 맘 가지고 살고 싶구나.

황혼의 기도

어두우면 어두울수록 어느 섬마을 불빛은 더 발합니다.

고요하면 고요할수록 숲 속 개구리 울음소리는 더 커집니다.

해는 천연의 노을을 남기고 제집으로 들어갔습니다.
한동안 우리의 지나온 발걸음을 돌아다 보니
우리도 황혼에 접어드는구나 생각하였습니다.
한 일은 없고
살아온 날보다 살 날이 얼마 남지 않음을 생각할 때에
자꾸만 마음이 서글퍼집니다.
하나, 섬마을에 등불 밝히는 저 소녀도 시를 쓰고 있구나 생각하니
마음이 조금은 위로가 되었습니다.
지난날 삶을 되돌아볼 때
아팠던 일 슬펐던 일 괴로웠던 일
그리고 이루지 못했던 일
하고 싶어도 할 수 없었던 일 남아 있습니다.
우리에게 주어진 시간
우리의 남은 시간을 어떻게 써야 할지 생각하면서
집으로 돌아가고 있습니다.

남은 날이 내 날이 아닌 당신의 날이 되었으면 좋겠습니다.
당신이 원하는 것 내가 원하는 것 하나 되게 하소서.
반딧불이 낮 동안 모아 두었던 빛들을 나눠 주듯이
솔부엉이, 풀벌레 낮 동안 모아 두었던 심포니를
이 황혼에 노래로 나눠 주듯이
그렇게 살고 싶습니다.
그렇게 살고 싶습니다.

그대, 그 한 명을 태우고서라도

어차피
떠나야만 할
배라면
떠나야 하리라.

제때에
미련 없이
슬픔을 내려놓고
떠나야 하리라.

어머니 품을 뒤로하고
파도를 가르며 나아간다.

비용이 많이 든다 해도
그대 한 명을
태우고서라도 나아간다.

선장은
키를 부여잡고
목적지를 향해 나아간다.

통섭(統攝)의 미학으로 빚어낸 서정(抒情)의 풍도 바다

– 강점석 시집 『풍도, 그 섬에 북배딴목 있었네』의 시 세계

정 남 채
(문학박사, 시인)

1. 통섭의 미학, 대자연의 섭리를 깨우치다

강점석 시인의 시집 『풍도, 그 섬에 북배딴목 있었네』는 한마디로 한국판 『오래된 미래』다. 스페인의 언어학자이며 사회운동가인 헬레나 노르베리 호지 여사가 1975년 언어학을 연구하기 위해 라다크(Ladakh) 지방의 중심 도시이자 고대 실크로드 길의 도시였던 '레(Leh)' 라는 지역을 찾게 된 것이 『오래된 미래』 탄생(1992)의 시발점이 된다.

호지 여사는 무려 16년간을 라다크(Ladakh) 지방에서 생활하게 되는데, 이러한 환경적인 요인이 『오래된 미래』의 주요 배경으로 작용하고 있다. 라다크 사람들은 척박한 환경, 빈약한 자원에도 불구하고 티베트 고원 오지 마을만의 전통적이며 목가적 단순 지향적 삶을

통해 천 년이 넘도록 평화롭고 건강한 공동체를 유지해 왔다. 그러나 인도 정부의 개방 정책으로 인한 서구식 문명화 개발로 환경이 파괴되고 공동체가 분열되는 현상을 목격하게 된다.

'빨리빨리' 문화에 길들여진 현대 사회의 속도주의와 물질 만능주의를 좇아 행복의 가치를 추구하는 현대인들의 삶의 방식과 대비되는 라다크인들의 전통 생활 방식을 통해 우리가 잃어버린 인간의 본질과 '행복의 조건이 무엇인가?'를 호지 여사는 역설하고 있는 것이다. 현대 문명의 이기 현상으로 인하여 물질문명의 가치가 마치 전부인 듯이 오도하고 있는 세상을 향해 경고의 메시지를 보내는 동시에 '돈이면 다 된다'는 식의 물질 만능주의 그 자체로는 진정 행복한 삶의 척도가 될 수 없음을 일깨워 주고 있다. 호지 여사는 서로가 서로를 필요로 하고, 서로를 존중하며 살아가는 작은 사회인 라다크인들의 가족적이고 공동체적인 삶의 모습을 목격하게 된다.

'고갯길의 땅'이란 이름을 가진 라다크는 하늘로 올라가는 정거장, 땅 위의 달, 작은 티베트, 하늘 아래 첫 동네 등의 또 다른 이름으로도 알려져 있다. 히말라야의 바람과 구름이 다니는 길에 있음을 짐작할 수 있다. 라다크는 인도 북부의 잠무카슈미르주에 속하는 카슈미르 동부 지역을 말한다.

호지 여사는 라다크의 생활상을 묘사한 것뿐만 아니라, 서구 사회와 문화적으로 충돌하며 어떻게 변해 가는지 알려주고 있다. 호지 여사는 라다크 사회를 투영시키고 있는 가운데, 사회 구성원들이 서로에게 어떻게 작용하면서 어떤 정신세계를 가지고 살아가는지를 조명해 주고 있다. 또한 라다크에 대한 스토리는 서구 자본주의 사회로 문명화 되어 버린 한 사회에 대한 과거의 모습을 담아내고 있는 것처럼 보일 수 있으나, 라다크가 지켜야 할 것들은 현재가 아니라 현재 사라져 가고 있는 것임을 강조하고 있다. 라다크인에게 언젠가 그것이 얼마나 소중하고 가치 있는 것이었는지 깨닫게 될 것임을 묵시적으로 암시하고 있다.

호지 여사는 서구 사회와 우리 인류 또한 발전의 방향을 어떻게 잡아야 하는지에 대한 화두를 던지고 있다. 또한, 독자들에게 생각의 폭을 넓힐 수 있는 사색의 공간을 제공해 주고 있다. 자본주의에 대한 무분별적 동경화보다는 전통적인 삶의 방식도 지켜줘야 하며, 그러한 의식이 오래된 문화를 지탱하는 인류의 소중한 자산임을 항변하고 있는 것이다.

어릴 때부터 같은 또래의 아이들이 경쟁만을 강요당하는 교육 문화보다는 언제나 연장자가 있고 모두가 함께하는 교육 문화를 실현시켜야 함을 강조하고 있다. 고도로 발달된 사회의 고속적인 성장도 좋지만 다양성과 정신이 중요시되는 인류로 발전해 가길 염원하고 있는 것이다.

『오래된 미래』의 저자 헬레나 노르베리 호지는 글로벌 경제가 세계 문화에 미치는 영향을 분석하는 대표적인 인물로 평가되고 있다. 국제생태문화협회의 설립자이며 대표로 활동하고 있다. 이 협회는 생태의 다양성과 공동체를 강화하는 프로그램을 4대 대륙에서 운영한다. 특히 지역 식품과 농업에 중점을 두고 있다. 유럽의 환경 연합체인 에코로파(Ecoropa)의 전 이사회 멤버로서 라다크 프로젝트(인도 잠무카슈미르주의 히말

라야 산맥 북서부와 라다크 산맥 사이에 있는 지역으로 '리틀 티베트'라 불리는 라다크를 돕자는 것)도 추진하고 있다. 달라이 라마, 영국 찰스 왕세자, 인도의 인디라 간디 전 총리 등 유명 인사들로부터 티베트 고원에서 25년간 지속 가능한 발전 측면에서 획기적인 일을 했다고 평가받는 유명한 프로젝트로 격찬과 지원을 받았다.

『오래된 미래』와 비유할 수 있는 강점석 시인의 시집 『풍도, 그 섬에 북배딴목 있었네』 역시 풍도 프로젝트에 대한 강한 집념과 애정이 담겨 있다. '풍도 바다로부터 배워야 한다'는 역설의 미학이 번뜩이고 있다. 강점석 시인의 풍도 사랑은 시집 전체를 지배하는 핵심 키워드이면서, 뜨거운 아이콘 그 자체이다. 풍도를 지키려는 시인의 굳은 다짐과 비전이 수록된 대다수의 작품마다 향기로운 영혼이 담겨 있음을 발견할 수 있다. 이 같은 시인의 직관적 역량을 '풍도 업그레이드 뉴 버전' 또는 '아름다운 풍도, 서정시 프로젝트'로 명명해 본다.

"한 가지는 잘할 수 있다./ 그것은 시를 사랑하는 것이다./ 시인을 흠모하고 존경한다./ 시인은 시와 찬미를 네 창조주 하나님께 노래하라고 했다."

인용된 글은 강점석 시인이 발문 형태로 밝힌 〈시인의 말〉에 나오는 구절이다. 강점석 시인이 갖고 있는 자기 반성적 자아성찰(自我省察)과 철학적 사유(思惟)가 어디서부터 시작되고, 어디로 귀결되고 있는가를 짐작할 수 있는 결정적 대목들이다. 이와 같은 준거점을 바탕으로 문학적 장치와 출구를 면밀히 파악할 수 있는 결정적 단서는 인간 한계를 극복하기 위해 선택한 종교적 심취와 무관할 수 없는 것이다. 또한 강점석 시인이 밝힌 〈시인의 말〉이란 글에서 이를 확인할 수 있다.

> "서해 아주 작은 섬 풍도/ 그것도 두 명의 학생/ 두 명의 유치원생/ 바다가 배가 등대가 갈매기가/ 바람꽃 대극 복수초 야생화 천국/ 쇠무배 수중궁궐 천연 조각 공원/ 북배딴목과 북배, 진배와 구렁배/ 그대들이 나의 친구들이다./ 내가 자주 만나는 친구들이다./ 그래서 내 첫 시집 이름을/『풍도, 그 섬에 북배딴목 있었네』라고 불였다./ 주제를『구약성서』〈룻기서〉를 배경으로 기대와 이별, 광야, 그리움과 기다림, 만남, 회복과 소망 5부로 나누었음을 밝힌다."

강점석 시인은 오랜 경험과 습작을 통해 예수 그리스도 안에서 성령의 능력을 문학적 사랑으로 충만케 하는 시인으로서의 특별히 쓰임 받음을 자각하고 있다. 여기에 세상을 꿰뚫어 보며 대자연을 만끽하는 아름다운 시안(詩眼)을 가지고 있다는 사실이 이를 가능하게 만들었다. 초월적 관점과 관조적 거리에서 시적 대상을 바라보고 있다.

강점석 시인의 글을 통독해 보면서 마치『오래된 미래』를 지키고 또, 세상을 구원할 하나의 메시아를 문학을 통해 전파할 숭고한 사명을 갖고 풍도를 지키고 있는 순례자 같다.

「두 다리를 잃고도 감사했다는데」에서 이를 확인할 수 있다.

> 그대는
> 조류에 떠내려가지 않은 것 감사했는데

나는 앞바퀴 바닷물 조금 잠긴 것
세차하면 될 것을 불평하였소.
그대는 관절 마디마디 아프지 않은 곳 없는데
그 몸으로 셀프 세차기 들고
감사의 물뿌리개로
그만한 것 다행으로 여기고
그 일 해냈지.

나
그대와 어머니, 아들과 두 딸과 사위, 외손녀
그리고 태어날 승리 다리를 모두 세어 보니
스물두 개나 되네.
네 다리 가진 승용차보다 열여덟 개나 더 많네.

—「두 다리를 잃고도 감사했다는데」 일부

강점석 시인의 시적 논리에 있어서 가장 근간이 되고 있는 것이 바로 '긍정의 힘'이다. 시적 대상을 바라볼 때, 단순히 자기 자신의 관점에서 근시안적으로 바라보는 것이 아니라, 관조적(觀照的) 관점과 한계 상황을 초월한 거시적 관점에서 두루두루 꿰뚫어 바라보고 있다는 점에서 매우 건강한 시를 쓰고 있는 시인 중의 한 명임을 알 수 있다.

가령 공중에 날아다니는 새가 배설물을 뿌렸는데 하필 옷에 떨어진다면, 각기 다른 두 명의 반응이 아주 흥미롭게 펼쳐진다. 한 명은 "뭐야! 이거! 오늘 정말 재수 없네!"라고 말하고, 또 다른 한 명은 "큰 바위나 돌멩이, 폭탄 파편이 아니라 천만다행이다. 오히려 하늘이 내려준 행운의 선물이니, 오늘은 정말 재수가 좋겠는

걸!"이라고 말했다.

전자가 비관적 또는 회의적인 시각으로 세상을 사는 평범한 사람의 전형이라면, 후자는 행복을 스스로 가꾸고 설계하는 긍정적 마인드를 지향하는 사람의 전형이다. 강점석 시인의 시 세계 역시 후자에 속함을 알 수 있다. 삶의 여유가 있는 곳이 인간의 세계다. 여유는 영혼의 향기를 남긴다.

시인의 발걸음은 어느새 「북배딴목」에 머문다.

돌섬에 하얀 눈 점박이
바닷물이 밀려오다 부딪혀
하얀 물보라를 만든다.
위로 하늘 비행기가 날아다니고
겨울나무들 오라고 손짓한다.
난 외롭지 않아 그대가 있으니
까치도 박새도 갈매기도
때가 되면 오겠지…….
그대의 긴 목이 드러났다 감춰졌다.
하루에 두 번
그대는 외롭지 않고
때가 되면 이름 모를 잡초도, 억새도 오지.
어느 땐 낚싯길 아저씨도 들르지.
그대는 기암절벽 북배딴목

—「북배딴목」 전문

시인의 심성은 그 시대의 거울이고, 횃불이다. 시인의 감성은 풀잎들이 이슬과 만나 몸 섞을 때의 거룩한 의식처럼 숭고하다. 별빛들이 풍도 바닷가로 총총 내려와 이슬을 머금은 풀잎들과 춤을, 깊은 춤을 추듯….

풀잎들은 별을 가슴에 품고, 섬에서 가장 아름다운 빛을 발산한다. 시인의 눈빛은 풀잎들이 발산하는 빛보다 맑고 순수하다. 풍도는 어느 섬에서도 발견할 수 없는 주황색 붉은 바위들이 푸른 바다와 절묘하게 대비되어 절경을 이룬다. 위에 인용되었던 '북배딴목'에서 '북배'는 '붉은 바위'를 말하며, '딴목'에서 '딴'은 '외딴' 또는 '떨어진'의 뜻이고, '목'은 '목처럼 가늘게 이어진 지형'을 가리키는 말이다. 그러므로 북배(붉은 바위)와 가늘게 이어진 돌섬임을 알 수 있다.

절경을 감상하던 시인의 눈길은 「달팽이의 나들이」에 옮겨진다.

그대
이른 아침
가는지 마는지
안테나 두 개 세우고
나들이 나왔다.

안개비 먹으러
조로롱 방울새 노래 들으러
골담초 향 내음 맡으러
나 만나러 나왔지.

새 아침
해님 몰래
다른 사람들 몰래
나들이 나왔지.

……(중략)……

바람이 왔다 가듯이
그대 일생의 한 점
다시는 오지 않을 기회
죽음을 무릅쓰고 나왔지.
그 나들이
내 걸음 멈추어 서게 하네.

—「달팽이의 나들이」 일부

시인은 그냥 지나치기 쉬운 풍도의 일상 어느 것 하나도 놓치지 않는다. 더욱이 한낱 미물(微物)에 불과한 달팽이라도 이를 의인화시켜 시인의 철학적 사유를 거침없이 쏟아내는 시적 역량 또한 갖고 있다. 격조 높은 어조와 선명한 이미지가 돋보이는 활달한 시상 전개를 통해 시인은 인간의 삶을 풍자하며 시적 대상과 일정한 관조적 거리를 유지하고 있다. 사물과 동일시하는 물아일체(物我一體)의 경지에 도달한다.

더 나아가 종교를 넘나드는 일체유심조(一切唯心造)의 철학적 사상이 함축되어 나타나고 있다. 일체유심조는 화엄경(華嚴經)의 중심 사상으로, 존재의 본체는 오직 마음이 지어내는 것일 뿐이라는 뜻이다. 곧 일체의 모든 것은 오로지 마음먹기에 달려 있다는 것을 강변한다.

시인의 눈길은 「북배, 천연 조각 공원」에 멈춘다.

둥굴레 꽃 대롱대롱
송홧대 쭈욱쭉

찔레꽃 하늘하늘
흑염소 떼 음매~
해안가 빨래판 긁는 소리
'드르르륵 드르르륵'
마음을 후련하게 해 줍니다.
다시 이런 날이 오지 않으리.
이 귀한 시간을
조각하고 있습니다.
어느 정원 박람회보다
형형색색 오밀조밀
천연 조각 공원
북배에서 그런 모습을 봅니다.
오오~
아름다운 북배여!

—「북배, 천연 조각 공원」 일부

이 세상에서 시간을 조각하고 빚어낼 수 있는 존재는 누구일까? 정답은 당연히 예술인이라 할 수 있다. 그 중에서도 시인일 것이다. 시간뿐 아니라 공간, 남자와 여자, 노인과 어린이, 국경, 종교 등을 초월할 수 있다. 그만큼 시인의 절대적 가치는 대단한 것이다.

시인에게 있어 북배는 단순한 장소가 아니라, 꿈과 염원을 담을 수 있는 유토피아(Utopia)이다. 이상향(理想鄕)을 그리는 가장 완벽하고 평화로운 안식처이다. 시인은 북배에서 유토피아를 꿈꾸고 있다. 북배는 시인의 유토피아가 되었다. 지상 최고의 무릉도원(武陵桃源)으로 시인은 북배를 주저 없이 노래하고 있는 것이다. 북배의 천연 조각 공원은 『오래된 미래』가 공존하는 유토피아로 볼 수 있을 만큼 상징성이 크다고 할 수 있다.

강점석 시인은 선장의 심정으로 「그대, 그 한 명을 태우고서라도」를 노래하고 있다.

어차피
떠나야만 할
배라면
떠나야 하리라.

제때에
미련 없이
슬픔을 내려놓고
떠나야 하리라.

—「그대, 그 한 명을 태우고서라도」 일부

시인은 삶 그 자체를 극복하고 오히려 창조적 삶을 즐기는 존재이다. 시인에게는 경계란 있을 수 없다. 남자가 되기도 하고, 여자가 되기도 한다. 나무나 바다가 되기도 하고 혹은, 바위가 되기도 한다. 어린아이가 되기도 하고, 노인이 되기도 한다. 겉모습만 인간의 형상이지, 실상은 신(神)의 영역을 대신하는 상상력의 화신들이다. 떠나야 할 시기에 떠나야 뒷모습도 아름다운 법, 세상 이치를 다스리고 있다.

시인은 삶의 단상(短想)을 정리하면서 「이제야 좀 알 것 같습니다」에 여운을 남기고 있다.

내 뜻을
이루지 못했지만
또 다른 뜻이
숨어 있으리라…….

내 삶의 여정에서
사람의 생각과
당신의 생각이
다름을
이제야
조금 알 것 같습니다.

―「이제야 좀 알 것 같습니다」 일부

인간은 자연에 순응하며 살아가야 하는 존재이다. 그러한 과정 속에서 깨달음을 얻기 전까지 육체적으로나 정신적으로 수많은 고통이 따르게 된다. 특히 작가는 슬픔이나 그리움 같은 것들을 모두 이겨내고 극복해야만 삶을 달관한 예술 혼이 자연스럽게 넘쳐 나오게 된다.

인간은 누구나 자기중심으로 생각하게 되어 있다. 그러나 자기 자신을 넘고, 내가 아닌 타인 혹은 전체의 관점에서 역지사지(易地思之)의 자세로 세상의 이치를 온몸으로 받아들일 수 있는 시안(詩眼)이 생기면, 자연스럽게 무불통달(無不通達)의 경지에 오르게 된다. 시인은 현실의 한계를 자유자재로 무너뜨릴 수 있는 마음의 상태에서 비로소 풍도 바다와 한 몸이 되었다. 스스로 선택한 풍도 지킴이로서의 숭고한 역할이 얼마나 대단한 일인지 독백하듯 인식하고 있는 것이다.

2. 풍도를 지키는 시인, 풍도 바다에 미친 시인이 살다

안산시 대부도에 딸린 작은 섬 풍도(豊島)는 야생화 천국이다. 원래 바람이 많아서 풍도(風島)라고 불렸지만, 좀 더 풍요로운 섬 생활을 위해 풍도(豊島)라 명명하여 사용하고 있다. 늦겨울부터 초봄까지 야생화를 찍기 위해 몰려드는 사진 동호회 회원, 사진작가, 연인들 등등 많은 사람들의 발길이 이어진다. 그러나 그 시기가 지나면 풍도는 발길이 뜸해진다. 앙증맞은 색상으로 예쁘게 재구성한 풍도분교의 담벼락 풍경이 처음 풍도를 찾은 사람들에게 신선한 이벤트로 변한다.

어느새 나타난 풍도분교의 강점석 교장선생님이 반갑게 분교 방문객을 맞이한다. 정확히 이 분교는 대남초등학교의 분교이다. 김용택 시인이 섬진강 시인이라면, 강점석 시인은 분명 풍도 시인이면서 지킴이다. 그만큼 강점석 시인은 문학 작품의 모든 소재를 풍도로부터 찾고 있다. 풍도에 비치는 해, 달, 별과 바람, 파도, 나무, 바위 등 무엇 하나 버릴 것이 없는 시적 대상인 것이다. 심지어는 풍도에 들어선 사람조차 강점석 시인에겐 그냥 지나칠 수 없는 귀한 테마들이다.

시인은 「숙녀해변가 아침 단상」을 통해 일상을 정리하고 있다.

파도는
바닷물을
이리 굴리고
저리 굴리고 있습니다.

생명을 살리는 마음
기는 마음 둥근 마음 하나가 되는 마음

이것이 나의 마음인 것 같습니다.

수없이 갈라져
한곳으로 모여 하나가 되는 물
그 물이
이곳 '숙녀해변가' 바닷물이 아닌가 합니다.

—「숙녀해변가 아침 단상」 일부

시인은 관조의 미적 거리에서 세상을 조응(照應)하고 있는 서정의 시 세계를 펼치고 있다. 특히 풍도 바다는 혼돈(混沌)의 카오스(Chaos)와 일정한 법칙의 로고스(Logos)가 혼재되어 출렁이고 있다. 또한 나비효과(Butterfly Effect)도 잠재되어 있다.

나비효과란 나비의 단순한 날갯짓이 날씨를 변화시킨다는 의미이다. 일반적으로 '작고 사소한 사건 하나가 나중에 커다란 효과를 가져온다'는 뜻으로 쓰인다. 미국의 기상학자 에드워드 N.로렌츠는 D/B를 통해 기상 현상을 수학적으로 분석하는 과정에서, 초기 조건의 미세한 차이가 시간의 흐름에 따라 점점 커져 결국 그 결과에서는 엄청나게 큰 차이가 난다는 사실을 발견했다. 브라질에 있는 나비의 날갯짓이 미국 텍사스에 토네이도를 발생시킬 수도 있다는 것이다.

마찬가지로 숙녀해변가에서 맞이하는 아침 단상을 통해 바다의 격랑을 관찰해 찾아낼 수 있는 미세한 발견이 한반도 전체를 관통하는 태풍으로 발전할 수도 있다는 것이다. '미세한 차이가 엄청난 결과를 가져올 수 있다'는 나비효과는 경제학과 일반 사회학 등에서도 광

범위하게 쓰이게 되었다. 가령 1930년대의 대공황이 미국의 어느 시골 은행의 부도로부터 시작되었다고 본다면, 이것은 나비효과의 한 예가 되는 것이다. 또한 1달 후나 1년 후의 정확한 기상 예보가 불가능하듯이 주식이나 경기의 장기적인 예측이 불가능한 것도 이러한 나비효과가 영향을 미치기 때문이다.

나비효과 때문이었을까? 시인은 눈빛 번뜩이며 「광란의 파도 앞에도」에서 역사적 사실을 조명한다.

칼바람에 파도까지 요동친다.
하이얀 뱃살을 드러내며 춤을 춘다.

일백이십여 년 전
우리 애국지사들이
이런 파도에도
배 타고 독립운동하러 나갔다.

……(중략)……

큰바람 불면 꼼짝 못 하는 풍도

어여쁜 각시 뒤로하고
먼발치에서 보고 떠나야 하는 풍도

광란의 파도 앞에
전능자의 음성을 기다린다.

—「광란의 파도 앞에도」 일부

파도 소리는 죽지 않는 영원성을 갖고 있다. 비록 광란의 파도 소리라고 하더라도 결코 멈출 수 없는 특성을 갖고 있다. 크게 들리건 평이하게 들리건 파도 소리는 죽을 수 있는 현상이 아닌 것이다.

시인은 파도의 특성을 십분 활용하며 역사성을 흡입시키고 있다. 120여 년 전 독립운동을 전개했던 애국지사들의 모습을 파도 속으로 오버랩(Overlap)시키며 종교적 귀의를 유도하고 있다. 종교적인 카타르시스(Catharsis)를 구가하고 있는 것이다.

시인은 한참 걸어가서 석양재에 올라 「안개 낀 날 석양 스케치」를 선명하게 그려내고 있다.

동무재 너머 붉게 물들어
다시 한참을 걸어 목금이재로 올라갔습니다.

……(중략)……

검푸른 바다 물결 출렁이고
그 위에 짙은 먹구름
붉은색 노을 노란색 노을
그 위에 검은 비구름 산맥
하늘색 지붕, 멋진 풍경화입니다.
그 위에 비행기가 유유히 날아가고 있습니다.
'추운 바람이 옷깃으로 들어가 감기 걸리겠다.'
'그대도 이제 집으로 가야지.'
사냥개 까마귀 별자리들이 하나둘 뜨기 시작합니다.

—「안개 낀 날 석양 스케치」 일부

시인은 엑스터시(Ecstasy)의 황홀경을 체험하듯 자연과 합일(合一)되는 경지에서 바라보고 있다. 즉, 영혼의 세계를 누비는 활어(活語)의 필체로 한 폭의 데생을 그려 내듯 풍도 바다라는 캔버스 위에 신선하고 생기 가득한 선(線)의 움직임을 묘사하는 데 성공하고 있다.

아울러 서정의 세계를 펼치면서 풍도 바다에 가장 어울리는 「제비꽃 당신」마저 피워 올리고 있다.

길가에
드러누운 나무
베개 삼고

저녁노을
귀빈 된 해님
놓칠세라
곱게 핀
제비꽃 당신

……(중략)……

오는 손님
가는 손님

가슴 열어
사랑 이야기
나누자고
해 댄다.

—「제비꽃 당신」 일부

시적 대상에 대한 형상화 능력이 뛰어난 작품으로 평가받을 만큼 아름다운 풍경화를 연출하고 있다. 봄의 전령 제비꽃의 꽃말은 순진무구한 사랑으로 알려져 있다.

옛날 아름다운 '이아'라는 소녀는 양치기 소년인 '아티스'를 사랑했으나 '아티스'를 귀여워하던 미의 여신 '비너스'는 그녀의 아들인 '큐피드'에게 두 개의 화살을 두 사람에게 각각 쏘도록 하였다. '이아'에게는 영원히 사랑이 불붙는 황금 화살을, '아티스'에게는 사랑을 잊게 하는 납 화살을 쏘게 하여 이들 사이를 갈라놓게 하였다. 사랑의 화살을 맞은 '이아'는 못 견디게 보고 싶은 '아티스'를 보러 갔지만, 납 화살을 맞은 '아티스'는 '이아'를 쳐다보지도 않았다. '이아'는 결국 비통한 나머지 울다 지쳐 죽고 말았다. 이것을 본 '비너스'는 안쓰러운 마음에 '이아'를 작고 가련한 꽃으로 만들어 주었는데 이 꽃이 바로 '제비꽃'이다.

제비꽃의 이름은 다양하다. 그리스어로 이온(Ion)이지만 우리나라의 경우는 강남 갔던 제비가 돌아올 때쯤 핀다고 해서 제비꽃이라 하고, 북쪽 국경 지역에서는 춘궁기에 오랑캐가 먹을 것을 구하러 쳐들어올 때 핀다고 해서 오랑캐꽃이라고 한다. 꽃의 모양새가 씨름하는 모습과 흡사하다고 해서 씨름꽃, 갓 난 병아리처럼 귀엽다고 해서 병아리꽃 등으로 불린다.

보라색 제비꽃은 겸양(겸손)이나 성실, 흰색은 순수한 사랑, 노랑색은 행복의 의미로 꽃말을 부른다. 제비꽃은 60여 종이 국내에 서식할 정도로 보편화되어 있다. 시인은 제비꽃을 통해 '가슴을 열어' 소통의 미학을 하나의 메시지로 설파하고 있다.

더불어 「휘파람새 꽁지라도 한번」을 통해 자연과 깊은 대화를 시도한다.

그대 노랫소리
내 발걸음을 멈추게 합니다.

그대 얼굴 생김새는
몸뚱이는…….

정말
어떻게 생겼는지
꽁지라도
한번 보여 주소.

—「휘파람새, 꽁지라도 한번」 일부

맑고 감미로운 소리로 가슴을 자극하는 아름다운 소리의 주인공은 누구일까? 바로 휘파람새이다. 안개 자욱한 새벽 풍도 바닷가에서 혹은 북배에서, 풍도분교의 나무들과 덤불 사이에서 휘파람 소리를 내고 있다는 상황 그 자체가 시인의 속성과 똑같다는 시적 울림이 그윽하게 메아리치고 있는 것이다.

휘파람새가 날아간 자리를 따라 시인은 「황소, 그대여」 앞에서 미소를 짓고 있다.

그대
삼월이면 논갈이
사월이면 써레질
오월이면 보리농사

유월이면 밭갈이

이렇게 주인에게
충성 다하다가
끝내는
등록금 위해
가을걷이 후
소시장에 내간다.

그 좋은 황소를
잊지 못한다.

학교 갔다 오면
황소 먹이는 내 차지

정말 그때가
어제 같다.

—「황소, 그대여」 전문

황소는 우리 민족에게 매우 가깝고 충직한 가축의 대명사로 알려져 있다. 중국의 유명한 화가가 있었는데 용(龍)을 그릴 때는 일필휘지(一筆揮之)의 붓놀림으로 삽시간에 그려낼 정도로 뛰어난 불후의 화가였다. 그러나 어느 날 황제가 소를 그리라고 했더니, 사흘 밤낮을 끙끙거리며 붓도 못 댄 채 고민했다고 한다.

누구나 보는 현실의 동물을 그린다는 것은 실상 어려운 작업이다. 상상의 동물보다 세심한 관찰과 관점을 유지해야 객관성, 진실성, 진정성도 확보할 수 있다. 더

욱이 소의 경우는 누구나 보는 현실의 동물이라 사실적으로 묘사하는 데 어려움이 많았다는 이야기이다.

그러한 소를 시적 언어로 묘사하고 있는 시인의 필체는 성공적이라 할 수 있다. 황소의 운명은 처음 세상에 나올 때부터 주인(인간)을 위해 태어났고, 살아 있는 동안도 주인(인간)을 위해, 심지어는 세상을 떠날 때도 주인(인간)을 위해 보시(布施)하는 존재임을 시인은 유년 시절을 회고하듯 전개하는 직서적(直敍的) 어법을 통해 독자적인 시적 미학을 구현하고 있는 것이다.

「그런 바람개비가 될래요」에서도 이러한 경향을 확인할 수 있다.

> 이제 다가올 가을에
> 영그는 볏논에도
> 참새들 겁주고
> 농부의 이마에 땀 씻어주는
> 뱅글뱅글 돌아가는
> 허수아비 바람개비
>
> 날 사랑하는 친구에게…….
>
> 오라고 하는 곳이면
> 누구든
> 어디라도
> 달려가 좋은 친구가 되어주는
> 뱅글뱅글 돌아가는
> 그런 바람개비가 될래요.

―「그런 바람개비가 될래요」 일부

유년 시절에 대한 단상을 시적 대상인 바람개비에 감정 이입시켜 서정의 선명한 이미지가 되살아나고 있다. 바람개비는 그 어떤 이념의 편협과 편향을 지향하지 않는 순수의 동심을 상징한다. 바람은 인위적인 작용이 아닌 자연의 순리를 그대로 나타낸다. 그런 바람을 온몸으로 불사르며 돌고 있는 그 자체의 모습은 시인의 또 다른 전형이라 할 수 있다.

시인의 따스하고 감성적 시선은 「칡넝쿨, 그대의 생명력은」으로 향한다.

온몸이 찢길지라도
가시덤불 못 넘으랴

그대여
사랑하는 이와
함께 있는 한
그대의 생명력은
한이 없으리라.

—「칡넝쿨, 그대의 생명력은」 일부

칡넝쿨의 창대한 생명력을 바라보며, 자연의 오묘한 섭리를 발견하고 있다. 특히 시인은 "그대여/ 사랑하는 이와/ 함께 있는 한/ 그대의 생명력은/ 한이 없으리라"는 새로운 시적 어록을 통해 사랑의 위대함을 피력하고 있다.

풍도는 물의 주식회사이다. 물은 땅과 하늘을 순환하면서 형태는 변하지만 본성은 변함이 없다. 물은 자기 형태를 고집하지 않는다. 컵에 자기 몸을 담으면 컵 모양으로 변하고, 밥그릇에 담으면 밥그릇 모양으로 변한다. 항상 그 높이를 현실과 맞춘다.

섬을 에워싸서 『오래된 미래』 풍도를 수호하는 신과 같은 근본은 변함이 없다는 것이다. 즉, 풍도 바다에 도달한 물은 풍도를 지키는 수호신으로 변한다는 것을 시인은 간파하고 있다.

물은 낮은 곳을 지향하지만 막히면 돌아간다. 노자의 도덕경에 "유수부쟁선(流水不爭先)"이란 구절이 있다. 이 말의 뜻은 '흐르는 물은 형체를 고집하지 않는다' 는 의미이다. 즉, 흐르는 물은 앞을 다투지 않는다는 것이다.

강점석 시인은 우리를 잃어버린 사회, 전통이 상실된 사회를 질타하면서 풍도 프로젝트(Pung-Do Project)의 근간이 될 수 있는 『오래된 미래』를 바탕으로 한 따스한 신서정 주의를 궁극적으로 지향한다.

강점석 시인은 풍도를 자기 몸처럼 아끼는 시인이다. 오로지 풍도만이 유일한 문학적 출구이자 리얼리티이다. 끝없는 언어 탐구를 통해 생산된 『풍도, 그 섬에 북배딴목 있었네』라는 한 권의 시집이 풍도를 지켜내는 거대한 에너지로 자리매김할 것이다. 일명, '풍도 철학' 이란 튼실한 구조로 만든 '통섭과 소통' 의 집 한 채를 세상에 내놓은 것이다.

문학세계대표작가선 690

풍도, 그 섬에 북배딴목 있었네

강점석 시집

인쇄 1판 1쇄 2013년 8월 8일
발행 1판 1쇄 2013년 8월 15일

지 은 이 : 강점석
펴 낸 이 : 金天雨
펴 낸 곳 : 도서출판 天雨
등 록 : 1992. 2. 15. 제1-1307호
주 소 : 서울시 성동구 무학봉28길 6 금용빌딩 2F(하왕십리동 966-23)
전 화 : 02)2298-7661
팩 스 : 02)2298-7665
http://www.moonhaknet.com
E-mail : ing@moonhaknet.com

값 8,000원

ISBN 978-89-7954-542-5